NOTICE BIOGRAPHIQUE SUR BOURGET

Par M. Lucien LÉVY.

I

La vie de Bourget peut se résumer en trois mots : il vécut heureux, heureux non du bonheur que cause une fortune rapide ou une carrière brillante, mais de celui que l'on puise en soi-même. Frappé dans ses affections les plus chères, parfois déçu dans ses ambitions légitimes, il sut garder un fond inaltérable de bonne humeur : sa philosophie l'aida à traverser les plus cruelles épreuves et à retrouver, après un trouble momentané, le calme nécessaire au travail. Il laisse à ses sept enfants un nom honoré et ceux qui l'ont connu de près, parents, amis ou élèves, garderont longtemps le souvenir de cet homme affable et obligeant qui sut leur inspirer à tous de l'estime, de l'affection et même souvent une véritable vénération.

Né dans l'Ardèche en 1822, Justin Bourget entra à l'École Normale supérieure en 1842. Trois ans après il en sortait agrégé des sciences mathématiques. Professeur de mathématiques élémentaires, successivement, dans les lycées de Besançon, Lyon, Rennes et Amiens, il trouvait moyen, tout en remplissant ses fonctions avec conscience, de produire des travaux originaux, et c'est pendant qu'il habitait cette dernière ville, qu'il fut reçu docteur ès sciences mathématiques, devant la Faculté de Paris. Il dut attendre deux ans, au lycée de Strasbourg, qu'une chaire de faculté devînt vacante et c'est seulement

le 16 décembre 1854 qu'il fut nommé professeur de mathématiques pures et appliquées à la Faculté de Clermont. Là com-
mence la période de sa vie la plus féconde par les œuvres
nombreuses qu'il produisit et par les conseils qu'il sut donner
à ses jeunes auditeurs : la plupart des mémoires que nous
aurons à analyser furent publiés ou commencés à cette
époque. Cependant, malgré l'autorité qu'il avait acquise à
Clermont, il désirait venir à Paris : il espérait y trouver un
milieu plus favorable aux longs travaux scientifiques, et aussi,
avec ses goûts littéraires et son amour passionné pour la
musique des maîtres, il se disait qu'à Paris seulement il
pourrait élever ses enfants comme il l'entendait; d'ailleurs sa
famille s'augmentait rapidement et son traitement commençait à devenir insuffisant. Aussi fit-il bon accueil aux propo-
sitions qui lui vinrent de Sainte-Barbe (1867): M. Blanchet, qui
avait longtemps dirigé avec succès l'École préparatoire de
cette grande maison, venait de prendre sa retraite et le Con-
seil d'administration cherchait pour le remplacer un homme
dont l'autorité personnelle pût inspirer confiance aux familles.
M. Dubief songea à Bourget qui accepta, sans trop d'hésita-
tions, ces fonctions délicates.

Le changement de carrière était brusque et l'entreprise
hardie ; le savant retrouverait-il, par un retour en arrière, les
qualités qui l'avaient distingué dans l'enseignement secon-
daire ? Posséderait-il en plus la fermeté nécessaire pour conduire sans à-coup un personnel aussi nombreux ? Saurait-il
se faire en même temps craindre et aimer des élèves ? Pren-
drait-il goût à des fonctions si différentes de ses occupations
antérieures ? L'expérience prouva qu'il n'avait pas trop pré-
sumé de ses forces : actif et méthodique, il fut un excellent
administrateur; affable, juste et naturellement bon, il s'atta-
cha à ses élèves et gagna rapidement leur affection; les con-
naissant à fond, il sut, dans les examens, appuyer les bons,
encourager les moyens, empêcher les faibles de faire trop
mauvaise contenance au tableau. Son passage dans l'enseignement supérieur avait élargi ses idées et l'action qu'il
exerça sur ses collègues fut des plus éclairées. Aussi, pendant
les onze années que dura sa direction, l'École préparatoire
conserva-t-elle son rang dans les concours, et les succès qu'elle

obtint ne furent-ils pas inférieurs à ceux de la période précédente. Il y avait eu pourtant des années dures. Au début, une déplorable scission dans la famille barbiste; trois ans plus tard, la guerre et la Commune avaient mis l'énergie du directeur de Sainte-Barbe et de ses collaborateurs à une rude épreuve : il avait fallu faire travailler sous le bombardement les quelques élèves restants (sept obus tombèrent sur Sainte-Barbe); puis, la Commune venue, les rassurer contre des craintes d'enrôlements forcés, d'incendies ou même d'explosion, car le Panthéon miné devait sauter à l'approche des troupes. Bourget se montra à la hauteur de sa tâche, et quand nous entrâmes en octobre 1871 à l'École préparatoire, les effectifs avaient à peu près repris leur chiffre normal et les études ne se ressentaient déjà plus de la secousse éprouvée l'année précédente : grâce au zèle d'un personnel d'élite et à l'activité du directeur des études, les concours de 1872 furent une suite de triomphes pour les jeunes barbistes. Bourget avait créé de nouveau l'École préparatoire fondée une première fois par l'illustre Duhamel.

Mais ce rude labeur avait absorbé tout son temps et peu d'instants lui étaient restés pour les travaux personnels : sa carrière scientifique était brisée. En 1878, M. Bardoux, ministre de l'Instruction publique, qui l'avait connu professeur à Clermont, où il avait pu apprécier son esprit libéral et ses idées élevées, lui offrit le rectorat d'Aix. Bourget, qui avait dû se charger du cours de mathématiques dans la division de Saint-Cyr, commençait à se sentir fatigué de ses occupations multiples et par trop absorbantes; il accepta cette brillante rentrée dans l'Université. Quatre années après, il revenait comme recteur dans cette ville de Clermont à laquelle l'attachaient tant de souvenirs et où il vient de mourir entouré de l'estime et de la sympathie universelles. Atteint d'une cruelle maladie, que ses amis mêmes ignoraient, il s'est éteint stoïquement, comme le sage de Lucrèce

Ut vitæ plenus conviva recedens.

II

Les ouvrages de Bourget sont de deux sortes : les uns scientifiques, les autres pédagogiques ; nous donnerons un aperçu des plus importants, tout en essayant de rester à la portée du plus grand nombre de nos lecteurs. Ses premières études eurent pour objet la mécanique céleste, et les deux thèses qu'il présenta à la Faculté des Sciences de Paris le 17 mai 1852 eurent pour objet des sujets de mécanique. La première traitait de la variation des constantes arbitraires surtout au point de vue de la recherche des formules fondamentales de l'astronomie : dans cette thèse, l'auteur se contentait de reproduire des méthodes et des théories connues, mais il les exposait de manière à montrer qu'il possédait à fond les beaux mémoires de Laplace, Lagrange et Cauchy sur cette question. Dans la seconde thèse, Bourget faisait preuve d'autant d'ingéniosité que de savoir : reprenant à son tour la théorie de l'attraction des ellipsoïdes, il étudia directement le cas, purement théorique, où les deux surfaces sont des paraboloïdes elliptiques. Le théorème fondamental de cette thèse est le suivant : « *Soit* OAB *une sécante quelconque menée d'un point* O *à un paraboloïde,* OI *la parallèle à l'axe menée par* O *jusqu'à la rencontre de la surface.* SC *la corde parallèle à* OAB *menée par les sommets, enfin* D *le point où l'axe est coupé par un plan perpendiculaire à* SC *mené en* C, *on a la relation*

$$OA.OB = OI.SD$$

Bourget démontre ensuite que « *le cône de sommet* O *circonscrit au paraboloïde et le cône pour lequel il existe un rapport constant entre* AB *et* SD *ont les mêmes plans principaux.* » Ces deux théorèmes et un autre bien connu lui permettent successivement de prouver que l'action d'une couche paraboloïdale sur un point extérieur est nulle, que l'action sur un point extérieur est dirigée suivant la normale en ce point au paraboloïde homofocal à la surface extérieure de la couche, enfin de calculer les valeurs de l'attraction d'une couche paraboloïdale infiniment mince ; ou d'épaisseur finie sur un point extérieur. Comme on le voit, Bourget avait suivi dans cette thèse la marche classique, employée dans le cas des ellipsoïdes : la méthode de Chasles pouvait d'ailleurs s'appliquer à ce cas, comme l'illustre géomètre l'avait indiqué dans son mémoire et comme Bourget le fit voir bientôt lui-même, dans une note parue au *Journal de Liouville*. Au fond, Bourget était plutôt un calculateur qu'un géomètre : « Je ne vois pas les choses géométriquement, nous disait-il souvent. » Aussi ne faut-il pas s'étonner s'il a plutôt continué ses travaux dans la voie ouverte par sa première thèse. Contentons-nous de citer deux mémoires sur le développement des coordonnées d'une planète en fonction du temps et sur le développement algébrique de la partie hamiltonienne de la fonction perturbatrice pour arriver à une série d'études importantes sur plusieurs coefficients utiles en Astronomie. Bourget appelle (*) *nombre de Cauchy* la partie constante du développement de

$$x^{-i}\left(x + \frac{1}{x}\right)^{j}\left(x - \frac{1}{x}\right)^{p}$$

ou i est nul ou entier, j et p nuls ou entiers et positifs. Si l'on désigne par $N_{-i,j,p}$ un pareil nombre, on démontre aisément que ce nombre est nul si $j + p - i$ est négatif ou impair, et égal à l'unité si $j + p - i = 0$. Si i change de signe, $N_{-i,j,p}$ conserve la même valeur numérique, mais change de signe si p ou $j - i$ est un nombre impair. On a, entre trois nombres de Cauchy, la relation suivante

$$N_{-i,j,p} = N_{-i+1,j-1,p} + N_{-i-1,j-1,p}$$

qui est analogue à une formule de combinaisons bien connue, de même

$$N_{-i,j,p} = N_{-i+1,j,p-1} - N_{-i-1,j,p-1}.$$

Nos lecteurs pourront encore vérifier que

$$N_{-i,j,p} = \frac{i}{p + 1}\, N_{-i,j-1,p+1} - \frac{j - 1}{p + 1}\, N_{-i,j-2,p+2}$$

$$= \frac{i}{j + 1}\, N_{-i,j-1,p-1} - \frac{p - 1}{j + 1}\, N_{-i,j+2,p-2}$$

On a enfin

$$N_{2k-j,j,0} = \frac{j - k + 1}{k}\, N_{2k-j-2,j,0}$$

(*) La définition un peu différente donnée par Cauchy se ramène rapidement à celle donnée ici. Voir l'article de Bourget dans le *Journal de Liouville* (année 1861).

d'où l'on tire

$$N_{2k-j,j,o} = \frac{j!}{j!\,k!}$$

On retrouve donc les nombres figurés comme cas particulier. La relation donnée plus haut entre les nombres de Cauchy, qui correspondent à des valeur de p différant d'une unité, permet de construire des tables renfermant tous les nombres de Cauchy : la loi de formation est analogue à celle du triangle arithmétique de Pascal.

Des nombres de Cauchy, Bourget passe à des nombres qui comprennent, comme cas particulier, les transcendantes de Bessel. Ces nombres, que nous désignerons par la notation $(j, n)_i$ s'obtiennent en prenant le coefficient de x^i dans le développement de

$$\left(x + \frac{1}{x}\right)^j \cdot e^{\frac{n\varepsilon}{2}\left(x - \frac{1}{x}\right)}$$

Pour $j = o$, on retrouve les transcendantes de Bessel. Voici les propriétés des nouveaux nombres :

Première propriété : $\displaystyle (j, n)_i = \sum_{n=o}^{n=\infty} \frac{\left(\dfrac{n\varepsilon}{2}\right)^p}{p!}\, N_{-i,j,p}$.

Deuxième propriété : $(j, n)_i = (j - 1, n)_{i-1} + (j - 1, n)_{i+1}$

Troisième propriété : Si i change de signe, $(j, n)_i$ garde la même valeur numérique, mais il change de signe si $j - i$ est impair.

Quatrième propriété : Si n change de signe, $(j,n)_i$ garde la même valeur numérique, mais il change de signe si $j - i$ est impair.

Cinquième propriété : $(j,n)_i$ n'est pas modifié si i et n changent tous deux de signes.

Sixième propriété :

$$(j + 2,n)_i = \frac{i}{\dfrac{n\varepsilon}{2}}(j + 1,n)_i - \frac{j + 1}{\dfrac{n\varepsilon}{2}}\left[(j,n)_{i-1} - (j,n)_{i+1}\right]$$

Septième propriété :

$$(o,n)_i \times \frac{i}{\left(\dfrac{n\varepsilon}{2}\right)} = (o,n)_{i-1} + (o,n)_{i+1}$$

Le mémoire que nous venons d'analyser se termine par une application, des nombres de Cauchy et des transcendantes de Bessel généralisées, au problème de Kléper. Peu de temps après, Bourget fit paraître dans le tome VII des *Annales de l'Observatoire* un important mémoire qu'il nous est impossible d'analyser ici et où il appliquait les recherches précédentes au développement de la fonction perturbatrice et de ses dérivées. S'inspirant des idées de Cauchy, il donna le moyen de calculer un terme quelconque de ce développement en fonction des transcendantes de Bessel généralisées : les résultats obtenus par une méthode plus rapide que celle de Cauchy présentent aussi plus de symétrie et de régularité, grâce à l'introduction de ces transcendantes.

Signalons, en passant, une remarquable relation donnée par l'auteur entre les nombres de Cauchy et les coefficients b de Laplace: on sait qu'on appelle ainsi les coefficients des cosinus des multiples de l'argument dans le développement de

$$(1 + \varkappa^2 - 2\varkappa \cos u)^{-s}.$$

Si l'on appelle b_s^{p} le coefficient de $\cos pu$, on a

$$\frac{1}{2} b_s^{p} = \frac{1}{1 + \varkappa^2} \sum_{j=0}^{j=\infty} \frac{s(s + 1)\ldots(s + j - 1)}{j!} \left(\frac{\varkappa}{1 + \varkappa^2}\right)^{j} \mathrm{N}_{-p, j, u}.$$

Enfin, dans un dernier mémoire, paru en 1873 dans le *Journal de mathématiques pures et appliquées*, Bourget étendit les formules qu'il avait données pour les perturbations des petites planètes au cas des planètes ordinaires. Ce travail, excessivement intéressant, contient des formules simples et élégantes dans un problème d'aspect compliqué : il introduit de nouvelles transcendantes dont Bourget donne l'expression en fonction des précédentes; mais, comme le dit l'auteur lui-même, ce sont plutôt des recherches spéculatives que des travaux d'un intérêt pratique, car les théories des planètes ordinaires sont bien près d'être achevées aujourd'hui.

Tout en s'occupant de Mécanique céleste, Bourget avait abordé une autre étude non moins ardue. Ses travaux de Physique mathématique constituent un vaste ensemble dont nous ne pourrons même pas donner un aperçu dans le cadre de ce journal. Un premier groupe de Mémoires ou Notes insérés dans les *Comptes rendus*, dans les *Annales de physique et de chimie*, dans le *Journal de Liouville* et dans les *Annales de l'École Normale* a pour objet la thermodynamique : démonstration nouvelle de la formule de Laplace relative à la détente des gaz, recherche de l'équivalent mécanique de la chaleur que l'auteur trouve égal à 425^{km} environ, campagne passionnée en faveur des moteurs à air chaud appuyée sur des expériences faites en collaboration avec M. Bourdin. Les démonstrations de Bourget sont devenues classiques et nos lecteurs pourront trouver dans le *Dictionnaire des Mathématiques appliquées*, par Sonnet, à l'article *Équivalent mécanique de la chaleur*, une analyse détaillée d'un mémoire de Bourget. C'est que la clarté était sa principale qualité ; mais il possédait aussi un esprit très critique. Pour n'en citer qu'un exemple, dans un de ses mémoires, Bourget émet des doutes sur le principe de Clausius : « *Il est impossible que la chaleur passe d'un corps dans un autre plus chaud* », et s'astreint à se passer de ce principe dans ses démonstrations.

Mais ce sont surtout les travaux d'Acoustique de Bourget qui attirèrent sur lui l'attention du monde savant. Savart avait émis l'assertion qu'une membrane convenablement tendue peut vibrer à l'unisson de tous les sons produits au-dessus d'un certain son fondamental. Cette assertion était en contradiction flagrante avec les conclusions auxquelles Poisson et Lamé étaient arrivés par la théorie. Bourget fit d'abord, aidé par Félix Bernard, des expériences sur les membranes carrées et non seulement démontra que la théorie avait raison contre Savart, mais encore trouva la cause des erreurs de l'illustre physicien. Seulement, des anomalies rencontrées dans le cours de ces expériences l'engagèrent dans une série de belles études d'abord sur les membranes circulaires (son Mémoire sur ce sujet reçut de l'Académie les honneurs de l'insertion dans le *Recueil des savants étrangers*), puis sur les cordes hétérogènes : voici comment Bourget fut conduit à ce dernier travail. L'expérience révélait de grandes différences entre les intervalles musicaux observés pour deux figures nodales déterminées et les intervalles calculés : il pensa que la divergence pouvait provenir de ce que les bords du cadre ne sont jamais parfaitement immobiles et, comme le calcul était trop ardu dans ce cas, il se dit que les mêmes causes devaient produire sur des cordes des effets analogues et fit le calcul sur les cordes. Imaginons une corde formée de trois parties, diverses de nature, cherchons le mouvement vibratoire de leur ensemble, puis supposons les cordes extrêmes très-petites, nous formerons un type théorique qui peut être considéré comme très rapproché d'une corde vibrante dont les points d'attache ne seraient pas absolument fixes. Un important mémoire, publié dans les *Annales de l'École Normale*, contient la théorie de ce mouvement et donne les résultats de nombreuses expériences, résultats dont l'accord avec la théorie est remarquable. Mais une conséquence inattendue se dégagea de cette étude : les écarts produits par la non-fixité des points d'attache de la corde furent en sens inverse de ceux observés dans le cas des membranes. Bourget en a conclu que la mobilité du cadre qui soutient la membrane n'est pas la cause de l'anomalie observée : il serait permis de se demander si cette extension des cordes aux membranes est légitime; Bourget a répondu indirectement à cette objection en découvrant la cause cherchée dans la résistance de l'air aux mouvements vibratoires. Admettant comme l'hypothèse la plus simple que cette résistance est proportionnelle à la vitesse de la molécule vibrante, hypothèse d'ailleurs conforme aux calculs de M. Montier fondés sur la théorie mécanique de la chaleur, il calcula l'effet de cette perturbation et parvint à la loi suivante : « *Quand une membrane vibre dans un milieu résistant au lieu de vibrer dans le vide, les carrés des nombres de vibrations des divers sons qu'elle peut rendre sont diminués d'une quantité constante, et les lignes nodales ne sont pas altérées.* » La quantité constante étant déterminée par une expérience, on put calculer les intervalles correspondant aux différents aspects de la membrane, et, cette fois enfin, l'expérience et la théorie furent d'accord. Bourget étendit bientôt son analyse aux tuyaux sonores et reconnut que la loi précédente s'y applique. Enfin, en 1872 et 1873, il publia deux mémoires l'un sur le son que produit dans un tube cylindrique fermé un ébranlement en un point de la masse d'air intérieure, l'autre sur des expériences de Pinaud relatives aux sons rendus par un tube thermométrique dont la boule chauffée est ensuite refroidie graduellement. Dans l'un et l'autre de ces mémoires, Bourget rend compte entièrement par le calcul des phénomènes observés.

En dehors de ces longues études, l'activité de Bourget s'était portée de divers côtés : ainsi la théorie des nombres l'avait souvent occupé. Nous pouvons signaler en particulier ses recherches sur la classification des permutations de *n* objets. Mais son plus important mémoire a paru dans le *Journal des Mathématiques pures et appliquées* (t. VIII de la 3me série) : il a pour objet le problème connu sous le nom de « Battements de Monge ». Étant donné un jeu de cartes renfermant un nombre pair de cartes, prenons la première, mettons dessus la deuxième, dessous la troisième, dessus la quatrième, dessous la cinquième et ainsi de suite. Quand tout le jeu sera épuisé, nous aurons effectué un battement : recommençons l'opération un certain nombre de fois, il est évident qu'après un nombre de battements, qui dépend du nombre de cartes du jeu, on retrouvera la disposition primitive. Suivre une carte déterminée, indiquer sa place après *n* battements, dire au bout de combien de battements elle reprendra sa première place, désigner les cartes qui conservent leur rang, etc., on voit la multiplicité des problèmes auxquels ces battements peuvent conduire. Bourget les résout avec une élégance et une simplicité remarquables : il démontre aussi un certain nombre de théorèmes nouveaux sur ces battements.

À côté des travaux scientifiques de Bourget, mais non au-dessous, il faut placer ses ouvrages didactiques. Là encore son œuvre est remarquable et nous retrouvons ses qualités de chercheur. Il écrivait ses livres, non comme des manuels de préparation aux examens, mais parce qu'il avait des idées originales à exposer. Sa Géométrie analytique, d'ailleurs un peu pénible à lire à cause de l'emploi constant du calcul, contient des théories qui n'étaient pas alors et qui ne se trouvent pas encore dans les ouvrages analogues, les coniques sphériques, les surfaces homofocales, les coordonnées elliptiques, etc. Son Arithmétique et son Algèbre sont dictées par le même esprit philosophique que nous avons déjà eu l'occasion de signaler. Tout récemment encore, notre collaborateur, M. de Longchamps, analysait dans ce journal sa nouvelle *Table de logarithmes* qui est une protestation du bon sens contre la routine. Mais sa principale création dans cet ordre d'idées est (1877) le *Journal de Mathématiques Élémentaires* fondé avec la collaboration de MM. Morel et Cochez : nos lecteurs savent comment le journal s'est, peu à peu, vu forcé d'élargir son cadre et même de se dédoubler sous l'impulsion de MM. Kœhler et de Longchamps. Mais ils ne doivent pas oublier qu'à l'époque où Bourget cherchait un nouveau moyen de répandre ses idées et de provoquer les recherches des jeunes élèves sur les sujets ordinaires de leurs études, il était permis de se demander si cette tentative n'était pas trop hardie et s'il existait un public pour un journal aussi élémentaire. Le succès donna raison à l'optimisme du fondateur qui, d'ailleurs, ne put pas longtemps jouer un rôle actif dans la direction de son journal. Appelé au Rectorat d'Aix, il dut se consacrer tout entier à l'administration : à partir de ce moment, il ne put plus beaucoup écrire. Cependant ses fonctions mêmes l'amenèrent à s'occuper plus particulièrement de l'enseignement spécial que l'on s'efforçait à cette époque de développer au détriment de l'enseignement classique ; il publia alors plusieurs ouvrages destinés aux élèves du nouvel enseignement, cherchant à présenter sous une forme simple et à réduire au plus petit nombre possible les notions scientifiques qui, dans l'enseignement classique, reçoivent une extension chaque jour plus considérable.

Son œuvre, comme on le voit, fut considérable : thèses et mémoires de hautes mathématiques, ouvrages pour l'enseignement classique, petits traités pour l'enseignement spécial, il s'est occupé de tout et a laissé partout la trace de son esprit ingénieux et méthodique. Le *Journal de Mathématiques* peut s'honorer d'avoir eu un tel fondateur auquel nous aurions dû en tout cas rendre hommage, quand nous n'aurions pas éprouvé pour lui une affection cimentée par seize années de bonnes relations.

IMPRIMERIE CENTRALE DES CHEMINS DE FER. — IMPRIMERIE CHAIX
RUE BERGÈRE, 20, PARIS — 984-1 8.